LETTRES

DE

MGR L'ÉVÊQUE DE POITIERS

A SON EXCELLENCE

M. LE COMTE DE PERSIGNY

MINISTRE DE L'INTÉRIEUR

PARIS

ÉTIENNE GIRAUD, LIBRAIRE-ÉDITEUR

20, rue Saint-Sulpice

1863

LETTRES

DE

MGR L'ÉVÊQUE DE POITIERS

A SON EXCELLENCE

M. LE COMTE DE PERSIGNY

Ministre de l'Intérieur.

Poitiers, 18 décembre 1862.

Monsieur le ministre,

L'Indépendance belge a publié, dans le cours du mois de novembre, et tous les journaux ont reproduit une lettre de Votre Excellence à Mgr le cardinal archevêque de Bordeaux, lettre d'une date fort antérieure, et dont mon vénérable métropolitain m'avait donné connaissance ce printemps. Votre loyauté ne lui en fera pas un crime. En qualifiant si rudement les évêques de Poitiers et de Nimes (car ce sont eux, et ils n'ont garde de s'en plaindre, qui sont nommément désignés dans votre lettre), vous n'aviez pas entendu porter un coup dans l'ombre et tirer sur des tiers à leur insu : l'agression clandes-

$$- 4 -$$

tine ne va pas à un homme de votre trempe d'esprit et de caractère (1) :

(1) Voici cette lettre telle qu'elle a été publiée dans *l'Indépendance belge* du 11 novembre 1862 :

A S. Em. Mgr le cardinal DONNET, *archevêque de Bordeaux.*

« Paris, 14 novembre 1861.

« MONSEIGNEUR ,

« J'ai lu avec attention la lettre que Votre Éminence m'a fait l'honneur de m'écrire au sujet des mesures prises par le gouvernement de l'Empereur pour régulariser la situation des associations de bienfaisance ; mais je regrette de ne pouvoir me rendre à vos observations.

« Et d'abord, il n'était pas nécessaire de me rappeler avec quel zèle et quel dévoûment tant d'hommes de bien travaillent, dans les conférences de Saint-Vincent de Paul , au soulagement et à la moralisation des classes pauvres , car je le reconnais tout autant que vous-même. Je n'avais pas besoin non plus de vos déclarations pour savoir que,. partout , où vous avez présidé des réunions de Saint-Vincent de Paul , vous n'avez été inspiré que par les sentiments les plus nobles et les plus purs ; car à Dieu ne plaise que je vous confonde avec ces quelques prélats qui compromettent l'épiscopat par leur violence et leur hostilité au gouvernement de leur pays. Mais je m'étonne qu'à moins de supposer le Gouvernement dominé par les plus détestables instincts, on puisse l'accuser, de bonne foi , de vouloir entraver une œuvre de bienfaisance et de religion.

« Si le Gouvernement a jugé nécessaire de régulariser l'existence des sociétés de bienfaisance , c'est qu'il ne faut pas que des partis ennemis de l'Etat puissent s'abriter sous le voile de la bienfaisance et de la religion , en profitant, pour satisfaire leurs passions , des formes d'associations non autorisées par la loi. Mais je repousse comme une injure la pensée que la religion et la charité aient rien à craindre des mesures prises par le Gouvernement.

« Quant au reproche que vous me faites d'avoir fait figurer les loges maçonniques dans la même mesure que les sociétés religieuses de bienfaisance, j'aurais compris cette observation de la part d'un évêque de . . . . . . ou de . . . . . ., mais je m'en étonne d'un esprit noble et élevé comme le vôtre. Et en effet, si le Gouvernement croit avoir raison d'exercer sa surveillance sur les sociétés religieuses, la même raison n'existe-

Tant que cette pièce est demeurée à l'état de correspondance privée, il ne nous restait qu'à garder le silence. Au contraire,

t-elle pas pour les sociétés maçonniques? n'auriez-vous pas été justement blessé de l'exception faite en faveur de ces dernières?

« Mais laissons là ces griefs secondaires. Permettez-moi, Monseigneur, de vous parler en toute franchise, non plus comme ministre de l'Empereur, mais comme compatriote, enfant de la même province, et honoré si souvent des témoignages de votre estime.

« Ce qui vous émeut dans l'exercice de la surveillance légale des sociétés de bienfaisance, ce n'est pas probablement la mesure en elle-même, mais bien plutôt ce que vous croyez voir, par l'effet de ce mirage trompeur au travers duquel une partie du clergé envisage les événements politiques de nos jours. Vous êtes évidemment sous l'impression d'une pensée douloureuse qui pèse sur votre raison. Au lieu de considérer froidement la situation délicate et difficile de la question romaine, au lieu même de venir en aide aux sollicitudes de l'Empereur, qui depuis douze ans ne cesse de protéger le Saint-Père et de favoriser la religion par tous les moyens en son pouvoir, vous vous laissez aller au doute, à la défiance. Jouet, à votre insu, des tactiques d'un parti ennemi de l'État, qui, sous le voile de la religion, ne voit dans le Pape et le clergé que des instruments à manier au profit de ses passions, vous en êtes venu à craindre peut-être, comme beaucoup de vos amis, que le grand Prince que vous savez si droit, si loyal, si sincèrement dévoué à la religion, ne soit prêt à brûler ce qu'il a adoré et à adorer ce qu'il a brûlé.

« Mais, Monseigneur, une telle crainte ne serait digne ni de votre cœur, ni de votre esprit. Mettez-vous, en effet, face à face avec cette grande question de l'Italie, et considérez-la sans parti pris, sans préoccupations exclusives.

« Nous avons été en Italie parce qu'un intérêt de premier ordre, l'intérêt vital de la France, ne lui permettait pas, sans un grand péril pour elle-même, de livrer la Péninsule à l'Autriche. Puis, vainqueurs, nous avons proclamé l'indépendance de l'Italie, parce que, outre la grande considération du respect des peuples, la France ne pouvait, sans s'exposer encore à de plus grands périls, se donner le rôle odieux, dangereux, fatal, d'asservir à son tour ce pays. Malheureusement cette double nécessité, pour notre politique en Italie, de détruire la domination autrichienne et de ne pas la remplacer par la nôtre, devait amener une situation fâcheuse pour la cour de Rome.

« Ne pouvant depuis longtemps gouverner son petit État sans que du jour où ce document est devenu public, j'ai pensé, pour mon compte, non-seulement qu'il me donnait le droit, mais qu'il me mettait en demeure de le discuter et d'y répondre. Cela me semblait un devoir d'abord envers notre éminent métropolitain qui, sous une enveloppe de louange et de respect, était fort irrespectueusement accusé de se laisser troubler la vue *par l'effet d'un mirage trompeur*, de parler *sous l'impression d'une pensée douloureuse qui pesait sur sa raison*, enfin, d'être devenu *le jouet, à son insu, des tactiques d'un parti ennemi de l'État*, etc. Par-dessus tout, il me semblait nécessaire de rechercher si une portion même minime de l'épiscopat français avait donné à Votre Excellence le droit de l'accuser

l'Italie fût sous le joug de l'Autriche ou de la France, le gouvernement temporel du Pape se trouvait frappé d'impuissance à tous les yeux, et ainsi, de ces circonstances indépendantes de toute volonté, de tout calcul individuel, est sortie la grave difficulté qui nous préoccupe.

« C'est là, en effet, une situation étrange ; car tandis que d'un côté l'intérêt de la France veut que l'Italie se gouverne librement, sans que nous ayons à dépenser notre argent et à sacrifier le sang de nos enfants à une mission odieuse ; de l'autre, l'intérêt de la religion, c'est que le Pape, qu'il puisse exercer ou non son pouvoir temporel, soit également indépendant. De là cet intérêt mi-politique et religieux pour la France de ne sacrifier ni l'Italie au Pape, ni le Pape à l'Italie. De là, cette double cause, si difficile, si délicate, mais non pas impossible à concilier ; de là enfin, cette espérance criminelle des partis, que l'Empereur se laisserait entraîner ou à trahir l'intérêt de la France en sacrifiant l'indépendance de l'Italie, ou à trahir l'intérêt de la religion en sacrifiant l'indépendance du Pape.

« Mais vous, Monseigneur, vous ne tomberez pas dans cette erreur grossière ; vous continuerez à l'Empereur cette confiance qu'il mérite à un aussi haut degré ; vous n'imiterez pas surtout l'exemple de ces prélats imprudents qui, opposant le Pape à l'Empereur, l'Église à l'État et l'intérêt de la religion à l'intérêt de la France, joueraient le jeu le plus dangereux pour la religion si le bon sens du pays ne faisait justice de ces excentricités coupables.

« Agréez, Monseigneur, l'assurance de mon respectueux attachement.

« F. DE PERSIGNY. »

hautement d'*hostilité au gouvernement du pays*, et si les prin
cipaux auxiliaires des ennemis du gouvernement et de la société ne seraient pas plutôt, contrairement à leur volonté,
ceux-là même qui nous accusent et nous poursuivent. Enfin,
il me paraissait qu'il pouvait jaillir quelque lumière de l'exa-
men et de la discussion des divers points de votre lettre.

Malgré cela, Monsieur le comte, des occupations comme il
en survient incessamment à quiconque est investi de la charge
pastorale, m'avaient fait à peu près renoncer à ce dessein.
Mais voici qu'un incident nouveau, dont le Ministre de l'intérieur porte ou du moins partage la responsabilité, me ramène
à mon premier projet. Veuillez donc me réserver quelques
moments d'attention. Dans cette lettre et dans deux autres qui
ne tarderont pas à la suivre, je m'occuperai successivement
de votre lettre publiée par *l'Indépendance belge*, puis de plusieurs actes accomplis dans mon diocèse par l'ordre de Votre
Excellence, et enfin d'un dernier épisode qui n'est pas sans
gravité et où intervient encore la feuille belge.

Je toucherai à peine ce que vous appelez vous-même nos
griefs secondaires. Bien que la lettre du cardinal se référât uni-
quement à l'œuvre des Conférences de Saint-Vincent de Paul,
Votre Excellence a eu le courage de placer la question plus
haut: c'est une franchise que vous nous permettrez d'imiter.

« La question de Saint-Vincent de Paul est peu de chose,
semblez-vous dire; la question d'Italie est tout. Si le clergé ne
s'était pas laissé aller au doute et à la défiance envers le gouvernement de l'Empereur à l'occasion des affaires de Rome, la
mesure prise à l'égard des associations de charité lui eût probablement semblé très-juste et très-naturelle. »

Vous vous trompez, Monsieur le ministre. En pleine paix et
en pleine entente cordiale du sacerdoce et de l'empire, la mesure dont les Conférences de Saint-Vincent de Paul ont été
l'objet aurait toujours excité les vives réclamations de l'épis-

copat et de tout le clergé. La liberté n'est pas pour nous un vain nom. Et parce que les catholiques, sachant de qui ils la tiennent, savent en user sans en abuser, ils se sentent autorisés à vouloir n'être pas tracassés ni suspectés dans le légitime exercice de leurs œuvres de religion et de bienfaisance. Là où Votre Excellence n'aperçoit que le droit de l'État, ils persistent à voir aussi le droit de l'Église, le droit de la société chrétienne, le droit de la charité évangélique exercée en commun. Comme leurs théories sont claires et assurées, ce sont des hommes pratiques qui ne se payent point de mots sonores et que les réalités seules peuvent satisfaire. L'honorable M. Billault a demandé, dans l'un de ses discours, s'il est d'un bon citoyen de se montrer si méticuleux et d'y regarder de si près avec la *suprématie* de l'État. Dans la langue exacte de l'Église, il y aurait beaucoup à dire sur cette *suprématie*. Nous sommes trop obligés de ne pas accorder la chose sans restriction pour accepter le mot sans commentaires. Mais, restant sur le terrain où M. le ministre s'est naturellement placé, je réponds qu'il est d'un bon citoyen de maintenir à son pays le caractère de pays libre, et de ne pas faire litière des franchises que comporte la constitution d'un tel pays. L'expérience prouve que la trop grande docilité des citoyens à subir l'immixtion du pouvoir public en toutes choses pousse celui-ci dans un système d'accaparement et d'absorption universelle qui, lui créant d'abord mille entraves par l'encombrement qu'il amène, le compromet ensuite sans profit dans toutes sortes de questions particulières, et, refoulant mille élans généreux, paralysant mille bons vouloirs, aboutit à d'innombrables exigences et à d'insupportables servitudes. Je vous l'assure, Monsieur le comte, plus l'Église se croira en face d'un gouvernement ami, plus elle revendiquera le libre concert de ses enfants pour l'organisation et l'accomplissement des bonnes œuvres.

Ce ne sont donc pas les affaires de Rome qui ont dicté notre appréciation de la mesure que vous avez prise envers les Conférences de Saint-Vincent de Paul. Ne serait-il pas plus vrai de dire, Monsieur le ministre, que ce sont les affaires de Rome qui ont éveillé chez vous les craintes et les défiances sous l'empire desquelles cette regrettable mesure a été conçue et exécutée, et que vous trahissez votre propre pensée encore plus que la nôtre, en rangeant cette question parmi nos *griefs secondaires?*

Cela dit, laissons de côté cette affaire, à propos de laquelle la discussion est épuisée. Chaque jour nous fait connaître davantage ce que la jeunesse française et ce que les classes pauvres y ont perdu. Nous sommes loin de voir aussi clairement ce que la politique y a gagné. Un avantage seulement s'en est suivi. Nous apercevons autour de nous bon nombre d'esprits plus ardents à soutenir la cause de l'Église et de la vérité depuis qu'ils ne se sentent plus obligés à la même réserve et aux mêmes ménagements dans l'intérêt de la charité.

Je reprends la suite de votre lettre, Monsieur le comte. Plein de cette idée, parfaitement juste en elle-même, que toute la situation présente est dominée par la question d'Italie, vous nous demandez de nous mettre « face à face avec cette grande « question, et de la considérer sans parti pris, sans préoccu- « pations exclusives. » Puis, esquissant à grands traits l'historique de l'expédition de 1859, réclamée selon vous « par un « intérêt de premier ordre, par l'intérêt vital de la France, » vous concluez que « la grave difficulté qui nous préoccupe est « sortie de circonstances indépendantes de toute volonté et de « tout calcul individuel; » et mettant en regard deux causes pareillement chères à l'Empereur, la cause de l'Italie et la cause du Pape, après avoir proclamé que « l'intérêt de la religion, c'est que le Pape, qu'il puisse ou non exercer son pouvoir temporel, soit également indépendant, » vous déclarez que « cette double cause si difficile, si délicate, n'est pourtant pas impossible à concilier. »

Il ne me siérait pas, Monsieur le comte, d'opposer mes faibles vues aux vues politiques d'un homme d'État tel que vous. Dans mon humble raison, je l'avoue, je n'ai pu voir sans effroi se produire au parlement de Turin, durant les sessions de 1854 et de 1855, les théories ambitieuses et subversives de tout ordre et de tout droit dont le comte de Cavour était le principal organe. Et comme à ces ardentes déclamations se mêlaient déjà des actes et des maximes attentatoires à la doctrine et aux droits sacrés de l'Église, je n'hésitai point à signaler l'erreur et le danger à la conscience des catholiques, fâcheusement influencée par quelques publicistes acquis, je ne dirai pas vendus à la cause piémontaise (1). J'ai été interpellé à ce sujet de la part de l'Empereur (2). Sa Majesté peut dire que, soit par écrit, soit de vive voix, je n'ai pas dissimulé l'épouvante que me causait l'intimité alors naissante de la France et du Piémont, et la communauté de principes et d'intérêts qui tendait à s'établir entre eux. Je ferais une chose de mauvais goût si je rappelais ma réponse à M. Fortoul, du 1er décembre 1855, et les considérations que je présentai à l'Empereur à mon retour d'Italie, quelques jours après le protocole du 8 avril 1856. A mon sens, la France, que l'on avait pu croire investie de la mission de tout sauver, s'engageait définitivement dans une voie qui risquait de tout perdre, ou du moins qui allait compromettre pour longtemps, avec son propre repos, le salut du monde entier, étroitement lié à l'heureuse issue des affaires de l'Italie et de celles de l'Orient. Le fruit de nos victoires s'en allait en fumée. La guerre de Crimée devenait une expédition stérile et même fatale, d'où le Piémont seul se retirait vainqueur, puisqu'il remportait, pour dépouilles opimes, le gage de notre prochaine intervention en Italie. Telles étaient mes appréhensions. Si elles furent regardées comme des chimères, je ne le sais; du moins, elles furent

(1) *Lettre pastorale* du 1er octobre 1854. — *Instruction synodale* du 7 juillet 1855, § IV.

(2) *Lettre de M. Fortoul*, ministre des cultes, à l'évêque de Poitiers, 30 novembre 1855.

accueillies avec bienveillance, et, à coup sûr, le sentiment qui me portait à les manifester n'avait rien de commun avec l'hostilité.

Je ne saurais donc accorder à Votre Excellence que les graves difficultés de la situation actuelle soient nées de circonstances qu'il était humainement impossible de prévoir. Je crois au contraire, avec l'homme éminent qui représentait alors la France à Rome, M. le comte de Rayneval, que l'on pouvait et que l'on devait s'attendre à tout dès que la France donnait à la politique piémontaise, dont les projets ne faisaient doute pour personne, la moindre espérance d'un concours quelconque. Il faut rendre à M. de Cavour ce témoignage, que lui-même se rendait peu de jours avant le coup terrible qui l'a emporté, c'est que, ni au congrès de Paris, ni à la tribune de Turin, il n'a jamais dit une syllabe dont on pût s'autoriser contre lui pour le maintien de la puissance temporelle du Pape.

Du reste, Monsieur le comte, votre lettre au cardinal de Bordeaux laisse percer clairement votre propre opinion en ce qui est de la puissance temporelle du Pontife romain. Peu d'hommes politiques osent en faire si bon marché.

« L'intérêt de la religion, dites-vous, c'est que le Pape, « *qu'il puisse ou non exercer son pouvoir temporel, soit également* « *ment dans l'indépendance.* »

Sous son air dégagé cette phrase est bien grosse, Monsieur le ministre. Elle préjuge ce qui est en question ; non pas pour l'Église qui est très-fixée, et qui a suffisamment parlé ; mais pour les politiques qui croient pouvoir chercher encore ce que le Pape et les évêques déclarent unanimement introuvable. Mais au point de vue même des politiques, qui est le vôtre, un Pape également indépendant *avec* ou *sans* la souveraineté civile, c'est le problème à résoudre, et ce problème ne paraît pas près d'être résolu. De plus, cette possibilité existât-elle, le fait de la spoliation temporelle du Pape n'en resterait pas moins un acte révolutionnaire et sacrilége, et la religion aussi bien que la société auraient encore intérêt à ce que ce crime fût conjuré.

Je croirai donc, jusqu'à preuve contraire, que la cause de l'Italie, telle qu'elle est posée par la Révolution ou par le Piémont, ce qui est tout un, et la cause du Pape telle qu'elle est posée par la nature et la nécessité des choses, c'est une double cause non-seulement *difficile* et *délicate,* mais *impossible* à *concilier.* Certes, depuis trois ans et demi, on a assez parlé, assez écrit, assez cherché, assez négocié. Les meilleures intentions, servies par d'incontestables talents, n'ont pu aboutir à aucun dénoûment sérieux ; pas une porte n'a été ouverte qui ne se soit aussitôt refermée ; pas une combinaison n'a été présentée qui ne se soit brisée aux mains de ses inventeurs. A l'heure où je trace ces lignes, un jeune publiciste, à qui de très-profonds dissentiments ne sauraient m'empêcher de continuer le titre d'ami, vient d'offrir sa solution avec un bon vouloir et une sincérité que je reconnais (1). Mon affection pour lui ne peut m'égarer jusqu'à prêter à son travail une valeur pratique qui fait complétement défaut. Toute cette étude, d'ailleurs brillante de style et d'érudition, porte sur une idée fixe et sur deux ou trois méprises dont quelques traits de plume auraient facilement raison, si mon cœur, engagé de ce côté par une vieille et incorrigible tendresse, ne me commandait de laisser le soin de cette réfutation à d'autres. Non, la Révolution, dans plusieurs de ses principes fondamentaux, n'obtiendra jamais la complicité ni la moindre connivence de la Papauté. L'issue plus ou moins prochaine des choses actuelles, ce sera le triomphe ou ce sera l'échec de la Révolution. Ce sera peut-être l'un d'abord et l'autre ensuite. Mais ce ne sera point la consécration par le Pontificat romain des trois ou quatre grandes erreurs sociales et religieuses qui n'ont encore pu donner vingt ans de durée à aucun des pouvoirs

(1) *La Souveraineté pontificale et l'Italie,* par E. R. — Paris, Dentu (décembre 1862).

qui en ont fait la base de leur existence. Étrange *programme de vie* qui n'a jusqu'à présent produit que la mort! singulière expression des véritables besoins sociaux qui n'a pénétré, durant trois quarts de siècle, dans tant de constitutions et de chartes successives, que pour les voir périr l'une après l'autre!

En vous parlant avec cette franchise, Monsieur le comte, je vous mets à même de maintenir ou de modifier l'acte violent d'accusation que contient votre lettre du 14 novembre. Si les sentiments que je viens d'exprimer suffisent à justifier vos colères, je confesse les avoir méritées, et je n'ose demander grâce pour ceux auxquels vous les étendez. Mais, dans ce cas même, vous devrez encore regretter plusieurs expressions malheureuses tombées de votre plume.

Qu'*un évêque de.... ou de....* (lisez *Poitiers* et *Nimes*), n'aient rien de commun avec *un esprit noble et élevé*, je m'y résigne pour ma part. Mais qu'il existe une fraction quelconque de l'épiscopat, composée de prélats « qui compromettent l'Église « par leur violence et leur hostilité au gouvernement de leur « pays...; » qui se sont laissé accaparer « par un parti ennemi « de l'État qui, sous le voile de la religion, ne voit dans le Pape « et le clergé que des instruments à manier au profit de ses « passions,..... enfin qui ont l'imprudence d'opposer le Pape « à l'Empereur, l'Église à l'État, et qui jouent ainsi le jeu le « plus dangereux pour la religion; » c'est là, Monsieur le ministre, ce qu'il vous est plus facile d'affirmer que de prouver.

Au contraire, ce que je crois pouvoir établir par des faits et des preuves péremptoires, c'est que le parti pris de voir dans le clergé et les catholiques des ennemis systématiques de l'État et des conspirateurs contre le gouvernement de l'Empereur, conduit à prendre des mesures qui manquent leur but, et qui sont tout à fait nuisibles à la cause dont vous avez la juste prétention d'être l'un des plus fidèles appuis. C'est ce que

Votre Excellence me permettra de développer dans une seconde lettre.

J'ai l'honneur d'être, avec la plus haute considération, de Votre Excellence,

Monsieur le comte,

Le très-humble et très-obéissant serviteur,

† L. E., *évêque de Poitiers.*

Poitiers, 27 décembre 1862.

Monsieur le Comte,

L'épiscopat est tenu d'avoir soin de sa réputation et de son
honneur. Il peut négliger les attaques dirigées contre lui par
cette presse quotidienne que le pays a cessé de prendre au sérieux, et que l'un de ses coryphées vient de définir « un tour-
« billon d'opinions confuses, d'affirmations opposées et d'in-
« formations contradictoires, qui s'imagine être un pouvoir, et
« qui n'est que poussière emportée chaque jour par l'ou-
« bli (1). » Mais si l'accusation, au lieu de partir des régions
vulgaires du journalisme, a pour auteur un fonctionnaire de
l'ordre le plus élevé, par exemple, le ministre chargé des
affaires intérieures de l'Empire, le silence de l'accusé serait ou
l'aveu de sa culpabilité, ou la marque d'un dédain messéant.
Votre Excellence ne s'étonnera donc pas que je revienne sur
les incriminations contenues dans sa lettre à Mgr le cardinal
de Bordeaux. Elles ne tombent directement, il est vrai, que
sur une partie de l'épiscopat. Mais, outre que la tactique qui
consiste à prodiguer les marques de respect au reste du corps,

(1) M. E. de Girardin, *la Presse*, 4 décembre.

au moment où on l'attaque dans plusieurs de ses membres, est une tactique connue, ce serait déjà trop qu'une minorité pût mériter et qu'elle acceptât des accusations aussi graves que celles dont il s'agit. Car enfin les griefs sont nettement articulés par Votre Excellence : parmi nous, les uns sont personnellement animés d'hostilité contre le gouvernement de leur pays; les autres, en plus grand nombre, sont les dupes et les instruments d'un parti ennemi de l'État; plusieurs sont coupables d'imprudence et de violence, et ils jouent le jeu le plus dangereux pour la religion. Rarement l'épiscopat d'une grande nation s'est vu déférer en ces termes à la barre du pays par un personnage officiel. Vous êtes trop équitable, Monsieur le comte, pour vouloir nous contester le droit de la défense.

Je cherche d'abord où peut se trouver la première catégorie de coupables, et je ne reconnais aucun de mes vénérables collègues, pas plus que je ne me reconnais moi-même, sous les traits qui nous sont prêtés. Sans perdre de vue et sans sacrifier aucun droit ni aucun principe, l'Église sait quels sont ses devoirs envers les pouvoirs établis. Ce n'est pas assez pour le sacerdoce de prêcher et de pratiquer la soumission; il est dans ses traditions d'y joindre la bienveillance et le concours. L'épiscopat y a-t-il manqué envers le second Empire? Personne n'oserait le dire. Il y a eu, comme toujours, des nuances et des degrés dans la manière d'entendre et d'observer le devoir; mais il n'est pas un seul des premiers pasteurs qui n'ait acquitté et qui n'acquitte encore surabondamment sa dette de dévoûment à la chose publique et au pouvoir qui la régit. Pour la conscience éclairée d'un ministre de l'Église, l'hostilité envers les gouvernements n'est pas possible, parce qu'elle irait contre l'esprit même de l'Église, qui est un esprit éminemment patient et conservateur, et qui, lors même qu'il s'accommode le moins de certains actes et de certaines tendances du pouvoir, ne va pas jusqu'à méconnaître le bien qui peut encore se faire à l'aide de l'autorité existante.

Les hommes du monde, étrangers à l'enseignement des

saints livres et aux prescriptions de la liturgie chrétienne, supposent trop aisément leurs propres passions et leurs propres excès chez les hommes du sanctuaire. Accoutumés qu'ils sont à faire opposition aux pouvoirs qui les gênent ou qui ne satisfont pas leurs goûts, ils se persuadent volontiers que le prêtre en agit de même. Ils sont dans une erreur profonde. Familiarisés avec les doctrines révélées et avec les oraisons de la sainte Église, nous demandons chaque jour, par une prière sincère, le salut des princes et la paix des nations, sachant que la vie tranquille est utile à l'épanouissement de la piété, et reconnaissant que chaque grand ébranlement social apporte toujours à la religion d'immenses périls et dépose au sein des masses quelque nouveau ferment de mal. Il est vrai que la prière des chrétiens est ordonnée de telle sorte qu'elle n'entend rien disputer à Dieu de son suprême domaine sur les peuples et sur les empires ; et quand, par des vues de justice ou de miséricorde, le Tout-Puissant, dirigeant à son gré les causes secondes et faisant servir à ses desseins les passions humaines, accomplit ou permet quelqu'un de ces grands changements que nous pouvons appeler avec le roi-prophète « les tours de main du Très-Haut : *hæc mutatio dexteræ Excelsi,* » nous savons nous incliner devant ces faits qui s'imposent à nous, et nous tâchons d'en pénétrer le sens à la lumière des enseignements de la foi et des enseignements de l'histoire. Mais, dans ces cas même, l'Église, en apportant son obéissance et son concours au pouvoir du lendemain, peut toujours se rendre à elle-même le témoignage, non-seulement qu'elle n'a pas travaillé au renversement du pouvoir de la veille, mais qu'elle a tâché de prémunir ce pouvoir contre les fautes qui ont contribué à sa ruine.

Jetez avec moi un coup d'œil rétrospectif sur l'histoire de ce dernier demi-siècle, et dites-moi, Monsieur le comte, si vous y surprenez un seul instant l'Église animée des sentiments hostiles que vous nous supposez. Il n'est pas un des gouvernements tombés qui n'ait rendu quelques services à l'Église, mais aussi qui ne lui ait fourni de graves sujets de plainte. Auquel d'entre eux a-t-elle jeté la pierre? Le sacerdoce a-t-il conspiré contre la monarchie de 1815 pour la royauté de 1830? contre la royauté de 1830 pour la république de 1848? contre cette même royauté et contre la république de 1848 pour l'établissement de l'empire? Il est notoire que non. Croyez donc, Monsieur le ministre, que l'épiscopat reste semblable à lui-même. Croyez qu'en soutenant les droits de la vérité et de la justice, en jetant même le cri d'alarme aux heures de crise et de danger, il demeure soumis, juste, traitable, conciliant. Croyez qu'il tient compte à la puissance publique de tous les embarras de la situation, même de ceux qu'il s'est efforcé de prévenir. Croyez qu'il lui sait gré des efforts qui sont et qui seront faits pour vaincre les difficultés et pour réparer les maux qui ne sont pas irréparables.

L'hostilité personnelle n'existe donc pas chez les évêques. Est-il vrai qu'un grand nombre d'entre eux, ceux-là même que vous daignez honorer de votre suffrage, soient exploités, sans qu'ils s'en doutent, par les partis ennemis de l'État? Cela vaut la peine d'être éclairci.

Et d'abord, Monsieur le comte, le lot que vous faites à vos amis n'a rien de flatteur. Le reproche d'inintelligence et de duperie est un de ceux qu'on accepte le moins dans le monde. Être, à son insu, le jouet des tactiques d'un parti hypocrite, se laisser manier comme de dociles instruments au profit des passions de ce parti, c'est un rôle qui ne sied à personne, et qui ne convient pas du tout aux chefs spirituels des Églises de France. Les évêques sont investis de la charge de régir le troupeau : quel désordre et quel contre-sens si les pasteurs allaient marcher aveuglément à la remorque des brebis égarées! Vraiment, Monsieur le comte, en réclamant de Son Éminence le cardinal-archevêque de Bordeaux « la permission de lui parler « en toute franchise, non plus comme ministre de l'Empe- « reur, mais comme compatriote et enfant de la même pro- « vince, » vous n'avez pas réfléchi à ce qu'avait d'inacceptable l'inculpation que vous alliez lui adresser ainsi qu'à « beaucoup de ses amis. » Ces prélats sont au-dessus de ces attaques. Toutefois, humble suffragant de la métropole de l'Aquitaine, je crois être dans mon droit et accomplir mon devoir quand je réclame contre le langage de Votre Excellence.

Mais puisqu'on se targue de franchise, j'espère qu'on me permettra d'en user. Y a-t-il donc quelque fondement à prétendre qu'il existe en ce moment autour de nous des hommes de parti qui, s'abritant sous le voile de la bienfaisance et de la religion, ne font mine de dévoûment à la cause de l'Église que pour séduire le clergé, peser sur sa raison, et l'engager dans des manœuvres coupables contre le gouvernement?

Je sais qu'il est de mise, à l'heure présente, de ne pas ménager les vaincus et de courir sus aux tombés et aux désarmés. Le clergé ne pratique pas ce genre de vaillance. Respectueux envers les puissants et les heureux du jour, il n'aura pas le malheur d'être injuste ni indélicat envers ceux qui ont disparu de la scène des affaires. Nous repoussons donc avec énergie cette inqualifiable note d'hypocrisie infligée à des Français, chez qui nous n'avons jamais trouvé qu'honneur, droiture, discrétion, concours généreux pour les œuvres religieuses et charitables, zèle désintéressé pour le bien, résignation et dignité dans la vie retirée que les événements leur ont faite. Oui, ces hommes nous sont chers, tant ceux qui ont toujours envisagé les choses au point de vue doctrinal qui est le nôtre, que ceux qui n'apprécient encore que par leurs côtés humains et politiques des questions éclairées pour nous d'une lumière plus haute. Nous rougirions de nous-mêmes, et nous manquerions à toutes les habitudes du corps auquel nous appartenons, si les clameurs et l'intolérance de certains hommes parvenaient à refroidir un seul instant nos rapports avec ces honorables déchus des divers régimes, que l'insolence de ce temps baptise de noms si méprisants. Mais tandis que nous leur rendons le témoignage auquel ils ont droit, ils n'hésiteront pas de leur côté à nous rendre celui qui nous est dû. Qu'ils disent si jamais

nous avons entretenu les froissements et épousé les ressenti-
ments qui ne peuvent guère ne pas subsister chez quelques-
uns d'entre eux. Qu'ils disent si nous n'avons pas profité souvent de leur confiance pour appeler leur attention sur les torts,
sur les erreurs et sur les lacunes du passé, et pour les rendre
ainsi plus indulgents à quelques-unes des fautes du présent.
Qu'ils disent enfin, non pas s'ils ont réussi à nous asservir,
mais s'ils ont pu même essayer de le faire, et si la marque de
délimitation qui sépare le sanctuaire des passions du siècle a
jamais été dépassée. Non, Monsieur le ministre, les évêques ne
sont dupes de personne. Ils ne connivent, ni sciemment, ni à
leur insu, à aucune menée blâmable. Ils ont, sur ce point ainsi
que sur tous les autres, une morale certaine et définie, et ils
n'auraient garde, comme l'a fait récemment un des grands
dignitaires de l'Empire dans un discours très-retentissant, de
glorifier dans le passé ce qu'il faudrait condamner dans le
présent (1).

Enfin, Monsieur le comte, êtes-vous plus autorisé à penser et
à dire que quelques-uns de nous se plaisent « à jouer le jeu le
« plus dangereux pour la religion en opposant le Pape à l'Em-
« pereur, l'Église à l'État, les intérêts de la religion aux intérêts
« de la France? »

Celui qui frappe est tenu d'écouter. Vous nous avez frappés;
écoutez donc, Monsieur le ministre.

Dans un des remarquables discours qu'il prononça durant la
présidence de la République, le souverain qui nous gouverne,
après avoir énuméré toutes les richesses et tous les genres de
ressources dont la Providence a doté la France, se posait à
lui-même et posait au pays une question très-haute et très-
grave : « Il est bien triste, disait-il, de voir les révolutions ébran-
« ler la société, amonceler les ruines, et cependant laisser tou-

(1) Discours prononcé par M. de Morny, à Clermont-Ferrand, 1862.

« jours debout les mêmes passions, les mêmes exigences, les
« mêmes éléments de trouble..... On recherche avec anxiété la
« cause du mal, et l'on s'étonne qu'une société qui renferme
« tant d'éléments de puissance et de prospérité, s'expose si
« souvent à s'abîmer sur elle-même. »

Et il ajoutait : « Serait-il donc vrai, comme l'Empereur l'a
« dit, que le vieux monde soit à bout, et que le nouveau ne
« soit pas encore assis? Sans savoir quel il sera, faisons
« notre devoir aujourd'hui en lui préparant des fondations
« solides (1). »

Près de douze ans se sont écoulés, Monsieur le ministre, depuis que l'Empereur prononçait ces mémorables paroles dans
la vieille salle des gardes de nos comtes du Poitou. Je ne nie
pas que nous n'ayons fait beaucoup de chemin depuis lors.
Mais le temps n'a-t-il pas « laissé debout les mêmes passions,
« les mêmes éléments de trouble?» mais la société n'est-elle
plus «exposée à s'abîmer sur elle-même?» mais « le monde
« nouveau» repose-t-il désormais sur «des fondations solides?»
Il suffit d'ouvrir les yeux autour de soi, et de considérer la
mappemonde, pour s'interdire à soi-même une sécurité déce-
vante. Partout les peuples chancellent comme des hommes ivres ;
partout les plus difficiles problèmes sont posés; partout les
questions les plus ardues et les plus impérieuses réclament une
solution que personne ne peut offrir. Et pourtant jamais les
éléments de puissance et de prospérité n'ont été plus abon-
dants. Ni la docilité des foules aux volontés et aux actes du
pouvoir, ni le concours des hommes de talent et de savoir-faire
ne manquent. Pourquoi « le monde nouveau » ne peut-il donc
s'affermir et s'asseoir?

La réponse est pour nous dans les livres saints. « A moins
« que le Seigneur ne bâtisse la maison, c'est en vain qu'auront
« travaillé ceux qui la construisent.» «Nul ne pourra donner à la

____

(1) *Moniteur* du 3 juillet 1854.

« société terrestre d'autre fondement que celui qui a été posé
« d'en haut et qui est le Christ Jésus. » Ce sont là des oracles
contre lesquels rien ne prévaudra.

Or, vers quel but « le monde nouveau » fait-il hautement pro-
fession de tendre, sinon vers une complète *sécularisation*, ce
qui veut dire, dans le langage actuel, vers la rupture absolue
entre la société « laïque » et le principe chrétien? L'indépendance des institutions humaines par rapport à la doctrine révélée est préconisée comme la grande conquête et le fait cul-
minant de l'ère moderne. Et comme notre siècle est hardi à
tirer les conséquences, voici que l'alliance du pouvoir civil et
de l'orthodoxie est spéculativement et pratiquement attaquée
dans son dernier représentant et dans sa suprême personnifica-
tion qui est le roi-pontife. La démolition radicale et raisonnée
de ce qui reste de la chrétienté européenne, voilà le fait et la
théorie qui se dressent en face de nous.

Attentifs à ce spectacle, que font les dépositaires de la vérité
et de la loi de Dieu? Étudiant la nature des faits accomplis, des
transformations opérées, nous n'avons qu'une pensée, qu'une
préoccupation, c'est d'infuser à « ce monde nouveau, » au jour
et à l'heure où il le permettra, la dose nécessaire de séve et de
vie surnaturelle; c'est d'épier le moment favorable pour donner
à cet édifice toujours croulant les fondations, le ciment et les
étais indispensables; c'est, en acceptant tout ce qui est accep-
table dans le fait moderne, d'obtenir de lui qu'il accepte à son
tour les principes sans lesquels il n'y a pas de stabilité et de
durée; c'est enfin de tempérer l'application et d'adoucir jusqu'à
l'expression de ces principes de manière à en assurer le béné-
fice à la société présente sans trop effaroucher ses préjugés et
ses susceptibilités. Voilà ce qui occupe notre esprit, voilà ce
qui perce en cent endroits de nos discours, de nos écrits, si
l'on veut bien les juger autrement que par les rapports de la
police administrative ou de certains parquets. Et quand notre
sollicitude, pleine de réticences et de ménagements, se porte
ainsi incessamment vers un travail d'affermissement doctrinal

qui serait le salut des peuples et des empires, quand nous pro-
clamons que le divorce entre la politique et la théologie est le
mal particulier des temps présents, vous osez dire, Monsieur le
comte, que nous jouons « le jeu dangereux d'opposer l'Église à
« l'État, le Pape à l'Empereur, et les intérêts de la religion aux
« intérêts de la France! » Non, Monsieur, nous n'avons rien de
commun avec les théoriciens et les praticiens de la désunion
et de l'opposition des deux ordres, temporel et spirituel, natu-
rel et surnaturel. Nous luttons au contraire de toutes nos forces contre ces doctrines de séparation qui aboutissent à la né-
gation même de la religion et de la loi révélée. Nous poussons
de grands cris dans les moments suprêmes et décisifs où il nous
paraît que ces doctrines peuvent passer en actes. Si nos ac-
cents vous semblent trop hardis, vous avez vos moyens d'en
déclarer l'abus; sans souscrire à vos arrêts, nous ne les bra-
vons point. Mais, quoi que nous fassions et quoi qu'il arrive,
nous demeurons dans une région élevée, nous habitons dans
la lumière, nous combattons pour des principes que nous
croyons les principes sauveurs des nations et des trônes, nous
défendons les intérêts supérieurs des sociétés, et l'on ne nous
verra jamais descendre à ces guerres misérables, à ces oppo-
sitions tracassières, à ces basses et indignes manœuvres qui
ne semblent permises que contre nous.

Ici, Monsieur le ministre, c'est encore le rôle de la défense,
et nullement celui de l'agression, que je vais prendre. Je ferai
moins que d'abuser, je n'userai pas du droit de représailles.
Mais enfin, il faut bien le dire, par suite de cette persuasion que
le clergé est devenu un adversaire qu'on ne peut trop abattre
et trop humilier, il s'est produit depuis trois ans une série de
faits qui ne tournent pas à la considération et à l'avantage du
pouvoir public. En ce qui concerne le pays que nous habitons,
les choses ont pris un caractère qui dépasse ce qu'on peut
imaginer. Pour moi, sachant que quelques mains ont pris la
peine de recueillir la plus grande partie des documents qui se
rapportent à ces tristes choses, je déclare qu'il ne tiendra pas

à moi qu'on ne les détruise. Mon patriotisme serait blessé de l'idée de laisser aller à la génération suivante ces déplorables monuments de la passion politique; d'autant que l'opinion pourrait s'y méprendre, et regarder comme l'œuvre d'un grand nombre ce qui ne procède que de quelques-uns, et ce qui excite la répulsion de tous les autres, des hommes publics non moins que des particuliers.

Du reste, Monsieur le ministre, nous attendons paisiblement l'issue de plusieurs affaires encore pendantes, sur lesquelles j'appelle votre attention. Souffrez que je descende à quelques détails.

Au 8 septembre dernier, je consacrais une église dans une modeste paroisse de la Gâtine, auprès de Parthenay. Le nouvel édifice religieux dont on allait célébrer la dédicace solennelle, avait été construit au prix de bien des sacrifices. Outre l'impôt légal dont tous portaient leur part, des sommes relativement importantes avaient été souscrites par les propriétaires du pays et des environs. C'était donc naturellement grande fête dans cette petite commune. La Ferrière (c'est le nom du lieu) recevait à cette occasion la première visite de son évêque. Il n'y a point de fête, dans nos pays de l'ouest, sans escortes, sans cavalcades, sans feux de joie, sans pièces d'artifice, sans arcs de triomphe, sans déploiement de pavois et d'oriflammes. Ce qui s'est passé à La Ferrière, c'est ce que, mon clergé et moi, nous avons vu en cent autres lieux. La réunion avait un caractère particulier de cordialité : les existences les plus diverses, les gens de tous états, les membres de la fabrique et du conseil municipal, les hommes de la bourgeoisie et de la classe plus ancienne se rencontraient, se coudoyaient avec une mutuelle et parfaite bienveillance. En un mot, c'était un de ces spectacles comme on est heureux d'en trouver encore dans ces contrées où la foi est si simple, si franche, si vive, et où la communauté des sentiments religieux efface la distance des rangs et rapproche tous les cœurs.

Quel ne fut pas notre étonnement lorsque, poursuivant notre

route vers la ville de Luçon où nous allions rendre nos devoirs au nouvel évêque qui nous avait honoré de sa visite, nous apprîmes par les feuilles publiques que des mesures administratives très-sévères venaient de fondre sur les habitants de La Ferrière : suspension, puis destitution de l'adjoint au maire ; révocation de l'instituteur ; retrait du permis de vendre à un certain nombre de débitants de vin, etc. Évidemment de telles rigueurs ne pouvaient tomber que sur des délits qui appelaient une répression judiciaire. Plusieurs chefs de famille sont en effet cités à comparaître devant le juge d'instruction, à Parthenay. Le digne curé de la paroisse est assigné, d'abord comme témoin, puis comme prévenu. Il prend sur lui la responsabilité de tout ce qui s'est accompli. L'interrogatoire porte sur le délit de manœuvre factieuse et de démonstration politique. Le pasteur et ses paroissiens n'éprouvent aucun embarras à repousser ces griefs. Les autorités cantonales les moins suspectes interviennent pour déclarer que l'accusation, basée sur des rapports occultes, manque de vérité, et que de pareils procédés sont très-préjudiciables au gouvernement dans l'esprit des populations. — Trois mois et plus se sont écoulés depuis lors : la destitution de l'instituteur a été révoquée ; les prohibitions portées contre plusieurs commerçants ont été levées en partie. Il paraît devoir en être de cette affaire comme de tant d'autres qui, après avoir été instruites avec grand retentissement, n'ont pas eu d'autre suite. Pour moi, Monsieur le comte, tant que je n'aurai pas à m'incliner devant un arrêt de la magistrature, j'affirmerai que la commune de La Ferrière a été victime d'une délation sans fondement. Je connais assez ce peuple pour vous dire que la franchise de ses allures ne se prête pas aux arrière-pensées. La religion est pour lui la religion et rien autre chose. Cacher un jeu politique et des visées séditieuses sous une manifestation chrétienne, c'est une idée qui, j'ose le garantir, ne s'est pas présentée à l'esprit d'un seul des honorables habitants de ce lieu. Et parce qu'ils ont tous conscience de leur parfaite innocence à cet égard, je vous fais juge de l'impression que laissent après elles ces mesures d'intimidation. Si par hasard elles avaient pour objet d'apprendre à ces fidèles chrétiens ce qu'il en coûte de recevoir avec pompe le premier représentant de la religion dans le diocèse, l'effet serait assurément manqué. Les sentiments qu'on entreprend de comprimer par de pareils moyens prennent une force nouvelle, et, un jour ou l'autre, rien n'en peut arrêter l'explosion.

La supposition que je viens de faire, Monsieur le comte, n'est pas tout à fait dénuée de probabilité. La prétendue sédition de La Ferrière, en effet, est devenue pendant deux mois le motif des mesures les plus graves. Je ne parlerai pas de l'enquête faite dans chacun des lieux que j'ai traversés durant le reste de mon trajet; de la réprimande adressée à ceux de MM. les maires qui se sont permis de m'approcher; de la démission vainement demandée et de la destitution infligée à l'un d'entre eux qui, bien que sans écharpe, s'était joint à plusieurs cavaliers venus à ma rencontre à l'occasion d'une cérémonie de bénédiction de cloches dans sa commune. J'omets tous les incidents et j'arrive au fait le plus important.

Mon itinéraire pastoral me ramenait, au retour de Luçon, vers une partie de l'arrondissement de Niort où je devais administrer la confirmation et consacrer quelques églises. Cette contrée, voisine de la Charente-Inférieure, ne se distingue malheureusement pas, dans son ensemble, par des habitudes et des convictions religieuses qui soient en rapport avec celles du nord du département. N'importe, on parut craindre que les manifestations de La Ferrière ne se reproduisissent dans ces cantons saintongeois. Obéissant en cela à des ordres supérieurs, l'administration départementale invita MM. les maires des diverses communes où je devais accomplir une fonction religieuse à interdire toute cérémonie extérieure; un arrêté de police municipale, revêtu de l'approbation du préfet, leur était en même temps expédié, avec injonction de le signer et de le faire afficher avant l'arrivée de l'évêque. Je fais transcrire ces deux pièces au bas de cette page, afin que Votre Excellence en reconnaisse l'identité (1).

Alors commença une série de faits dont la relation quotidienne renferme les plus singuliers épisodes. Chaque matin, M. le commissaire central de la ville de Niort, avec un de ses assesseurs, arrivait quelques instants avant nous dans la paroisse que nous visitions ; le brigadier de gendarmerie, avec un ou deux de ses hommes, l'avait précédé. Notre journée comprenant ordinairement deux stations, ces mêmes agents de la surveillance et de la force publique avaient une seconde vacation dans l'après-midi. Le soir ils rentraient, les uns à Niort, les autres au chef-lieu de la brigade, pour y faire leurs rap-

(1) *Nota*. Nous supprimons à l'impression la première de ces pièces, qui n'a pas reçu une publicité officielle.

ARRÊTÉ DE POLICE MUNICIPALE.

Nous, maire de la commune de ***, vu les lois des 16-24 août 1790, 19-22 juillet et 18 septembre 1791, qui confient au maire, dans chaque commune, le soin de prendre les mesures utiles au maintien du bon ordre, et d'assurer par tous les moyens en son pouvoir la sûreté des habitants ; — vu la loi du 18 juillet 1837, art. 11 ; — vu les instructions de M. le préfet du département ; — Arrêtons : Art. 1. Toute cérémonie extérieure, toute manifestation publique, toute exhibition d'emblèmes, et tous rassemblements de nature à entraver la libre circulation sur les chemins et dans les rues, sont expressément interdits dans toute l'étendue de la commune, sans autorisation expresse et écrite du maire. — Art. 2. Toutes les contraventions au présent arrêté seront constatées par des procès-verbaux et poursuivies conformément aux lois. — Art. 3. Notre adjoint, la gendarmerie et le garde champêtre sont chargés, chacun en ce qui le concerne, d'assurer l'exécution du présent arrêté qui sera préalablement soumis au *visa* approbatif de monsieur le Préfet.

Fait en mairie, à *** le .... septembre 1862.

Le maire, ***.

Vu pour être exécuté sans délai,

Niort, le .... septembre 1862.

Signé : Le Préfet des Deux-Sèvres, ***.

ports; puis le lendemain ramenait pour eux la même tâche laborieuse.

Or, quel pouvait être, pour l'intérêt de la chose publique, le résultat de ces déplacements dispendieux et de tout ce luxe de précautions? Le programme semblait celui-ci : surveiller l'évêque dans ses discours, le clergé dans ses actes, arrêter l'élan et constater l'esprit des populations.

L'évêque en cours de visite, Monsieur le comte, n'a pas le choix du sujet à traiter. Jésus-Christ lui-même, en nous ordonnant d'aller, *euntes ergo*, nous a tracé le cadre de notre discours. Les titres de notre ambassade divine étant établis, nous rappelons les principales vérités de la foi; nous parlons des sacrements, et spécialement de celui que nous allons administrer, qui est le sacrement de la force spirituelle; nous prêchons l'observation des commandements divins, en insistant principalement sur ceux qui sont le plus négligés; nous expliquons les promesses que Jésus-Christ a faites à son Église, et nous montrons l'assistance qu'il lui donne depuis la fondation du christianisme : c'est le thème contenu dans les paroles mêmes de l'investiture apostolique : « Toute puissance m'a été « donnée au ciel et sur la terre. Allez donc, enseignez tous les « peuples, baptisez-les, apprenez-leur à observer mes pré- « ceptes, et voici que je suis avec vous tous les jours jusqu'à « la consommation des siècles. » Voilà, Monsieur le comte, ce que ces respectables émissaires ont entendu une vingtaine de fois, avec la variété de formes et les détails de mœurs que demandaient les besoins spéciaux de chaque lieu. La tenue convenable et la constante attention de ces hommes ne me permettent pas de douter qu'ils n'aient retiré de ces instructions multipliées quelque avantage spirituel.

Quant aux actes de mon clergé, je pense qu'ils ont été irréprehensibles. Plusieurs prêtres m'ayant écrit qu'ils voulaient s'autoriser du décret du premier empire, toujours en vigueur, qui règle le cérémonial de première réception de l'évêque dans chaque lieu de sa juridiction, j'ai défendu qu'on engageât

aucun conflit, et j'ai fait savoir que je descendrais habituel-
lement soit à l'église, soit à la maison presbytérale ordinairement contiguë à l'église. Je sais que la marche procession-
nelle de l'église au presbytère a été incriminée en plusieurs
endroits. On a plus d'une fois arrêté, à l'entrée des bourgs, le
cortége religieux qui, des paroisses voisines, se rendait, avec
tous les enfants rangés en ordre et chantant des cantiques, à
l'église stationale où la confirmation devait être administrée.
Plusieurs procès-verbaux ont été dressés à l'occasion de cette
contravention (1).

Enfin, pour ce qui est des sentiments manifestés par les
populations témoins de toutes ces choses, vous savez trop,
Monsieur le ministre, ce qu'il y a de bon sens, d'équité, de
noblesse dans le cœur du peuple français pour que j'aie besoin
de vous en dire davantage. Cent fois nous avons entendu se
reproduire ce propos : « L'Empereur peut-il soupçonner qu'il
se passe de pareilles choses ! »

Au surplus, à l'heure où je vous écris, une enquête judiciaire
est encore ouverte au sujet de cette tournée pastorale. Le prévenu sur le compte duquel les témoins sont interrogés, c'est
moi-même. La seconde des stations de cette course d'automne
a eu lieu le dimanche 21 septembre, dans la paroisse de Saint-
Martin de Bernegoux. Plus de cinq semaines après, on com-

(1) MM. les curés contre lesquels on a verbalisé à ce propos, firent
observer que l'acte municipal, entendu avec cette rigueur, leur interdisait
les convois funèbres et la conduite solennelle des morts au cimetière. Les
circonstances ne tardèrent pas à rendre le cas pratique. Le respectable
maire de T... avait exprimé à son curé le vif regret d'avoir à afficher l'arrêté et à s'abstenir de visiter son évêque. Après avoir copié de sa main
et fait placarder cet écrit, il tomba malade et mourut dans la journée. Sa
famille désira que son corps fût inhumé dans la paroisse voisine, dont le
curé avait vu sa procession de confirmands arrêtée la veille par le garde
champêtre. Il va sans dire qu'ayant observé scrupuleusement l'injonction
de M. le maire par rapport à notre réception publique dans sa commune,
nous avons voulu que son arrêté fût de nulle valeur en ce qui était de ses
propres funérailles.

mença à entendre des témoins à l'effet de savoir si, en disant
au début de mon discours que quand on reçoit l'évêque, c'est
l'envoyé de Dieu que l'on reçoit, et en disant plus loin qu'il
est des cas dans lesquels le chrétien doit avoir le courage de
la foi jusqu'à la résistance, je n'ai pas eu l'intention d'exciter
à la violation des prescriptions municipales et préfectorales.
Cette enquête, commencée le 31 octobre, se poursuit depuis
sept semaines devant le juge d'instruction du tribunal de première instance de Niort, duquel il paraît que l'instruction de
la cause personnelle d'un évêque peut légalement ressortir. Je
place ci-dessous, Monsieur le comte, la réponse adressée par
moi, le 20 septembre, à M. le curé de Bernegoux qui m'avait
demandé par écrit, ainsi que le doyen du canton, s'il n'y
avait pas lieu de disposer dans l'allée du cimetière, formant
avenue de l'église, les guirlandes et autres décorations inter-
dites sur la voie publique. Cette pièce administrative, dont on
vient de me renvoyer le texte, avait un caractère tout privé.
Vous y trouverez l'expression de mes vrais sentiments envers
l'autorité communale et l'autorité supérieure (1).

Ces dernières pages de ma lettre, Monsieur le ministre, ont
dû vous paraître affreusement vulgaires et fastidieuses. La
fatigue que vous éprouverez à les lire n'égalera pas le dégoût
que j'ai eu à vaincre pour les écrire. Je n'ai garde d'en tirer
les conclusions, et de vous demander si c'est vraiment de
notre côté que se trouvent les hommes qu'on peut accuser

---

(1) Niort, le 20 septembre 1862. — Monsieur le curé, à ces contradictions
mesquines et maladroites, il importe de n'opposer que la modération et
la raison. — Ne faites donc rien sans l'assentiment de M. le maire, dont
les bonnes dispositions demandent cet égard. — M. le préfet lui-même
est à plaindre. Il n'agit ainsi que par suite des rapports qu'on a imaginé
de faire sur une autre localité qui a été parfaitement inoffensive. — Les
intentions de vos paroissiens, monsieur le curé, me sont connues et me
suffisent. Évitez qu'ils donnent le moindre prétexte à des zélés qui ne
cherchent que des occasions de lutte. — Recevez, etc. — *Signé :* † L. E.,
év. de Poitiers.

d'être, à leur insu et contre leur volonté, les ennemis du gouvernement de leur pays.

J'ai promis de vous parler d'un autre fait dont la gravité dépasse tout le reste. Comme il s'agit ici d'un acte de mon administration ecclésiastique, nous avons tous jugé que la chose devait être traitée ecclésiastiquement. Je prononcerai, dans la première session de la conférence supérieure du clergé de ma ville épiscopale, une *allocution* dont j'aurai l'honneur de vous donner connaissance ; ma troisième lettre ne sera ainsi qu'une simple lettre d'envoi. Je n'anticiperai pas l'époque réglementaire de la convocation. C'est une des forces de l'Église de ne pas s'émouvoir de l'injustice, de laisser ses adversaires jouir quelque temps de leurs tristes succès, et de ne parler qu'à son jour et à son heure, après l'apaisement du bruit et des passions.

J'ai la confiance, Monsieur le ministre, que pas une des expressions de cette lettre, ni de la précédente, ne sera offensante pour Votre Excellence, et que vous n'y verrez qu'un simple usage du droit qu'ont tous les citoyens de répondre librement à des attaques publiques. Les évêques ne peuvent pas être, à cet égard, de pire condition que les autres. La suppression de leurs immunités n'a pas créé de priviléges contre eux.

Agréez la nouvelle assurance des sentiments de très-haute considération avec lesquelles j'ai l'honneur d'être,

de Votre Excellence,

Monsieur le comte,

Le très-humble et très-obéissant serviteur.

† L. E., *évêque de Poitiers.*

PARIS. — IMP. W. REMQUET, GOUPY ET Cᵒ, RUE GARANCIÈRE, 5.

www.ingramcontent.com/pod-product-compliance
Lightning Source LLC
Chambersburg PA
CBHW071421030726

47594CB00006B/2523